Marion Musenbichler

Die kostbarsten Hinweise sind still
Das Buch ohne Worte

AF124876

Marion Musenbichler **Die kostbarsten Hinweise sind still**

Gedanken, Gefühle und Körper
sind *des hohlen Weltenraums* bürdenfreie Last.
Belade dich nicht und lass sie ziehen,
die Nahrung, die Geburts- und Todeszyklus speist.

Gedanken, Gefühle und Körper
gehören niemandem,
sie stehen für sich.
Auch wenn sie erscheinen,
so sind sie doch leer.

Körperlos und abgelöst
von den Bewegungen der Zeit
erwacht das himmelwärtsstrebende Herz
als unendliche ewige Weite
aus trügerischem Weltenschein.

Es realisiert z w e i f e l s f r e i,
was es *niemals* gewesen ist.

Staunendes Gewahren,
wohin das Auge sieht ...
Meisterlicher Glanz,
gnadenvolle *Stille*.

Was tut man mit einem Buch, dessen Seiten leer bleiben? Eine gute Frage, die sich nur jeder selbst beantworten kann. Wenn man es nicht lesen kann, weil tatsächlich nichts drinnen steht, wäre das vielleicht *die* Gelegenheit, etwas tiefer hinzusehen.

Leere Kapitel sind wahrlich ein Segen, da wir nichts verstehen, lernen, vergleichen, erinnern und interpretieren können. Und das ist wunderbar.

Dieses Buch soll uns daran erinnern, dass die Stille unser größter Lehrer ist. Sie entleert und schluckt den schweren Ballast an unnötigem Wissen und eigenwilligen Konzepten.

In der Stille finden wir keine Antworten:
Sie nimmt uns die Fragen.

Wann immer du eine Frage hast, nimm das Buch zur Hand. Es wird dich daran erinnern, dass die Antwort gar nicht wichtig, ja sogar überflüssig ist, weil der Fragende selbst infrage gestellt werden muss. Ein leeres Blatt Papier kann übrigens sehr inspirierend sein. Mit und ohne Stift.

Unbeschrieben,
von Worten befreit,
so ist dieses Buch.

Sieh es an und lausche,
es hat dir was zu sagen,
das leere Blatt Papier.

Interpretationen fehlt das Gegenüber,
Vorstellungen finden keinen Halt,
vielleicht ein Grund zum Lachen?

Doch irgendwie recht seltsam,
auch wenn nichts drinnen steht,
so löst es doch was aus.

Und nun?
Ist es ärgerlich oder befreiend heilsam,
das leere Blatt Papier?

Bleibt es unberührt von deinem Denken?
Darf es für sich stehen,
ohne Inhalt, ohne Schrift?

Auch ohne Worte
bist du nicht davor gefeit,
dass sich eine Meinung bildet,
doch eines ist gewiss,
das Papier bleibt leer.

Es ist alles gesagt. Es gibt nichts zu wissen.
ES wurde dir seit jeher in dein Herz hineingeschrieben,
deshalb lies dort, wo es nichts zu sehen gibt.

Wie befreiend es ist, nichts wissen und lernen zu müssen.

© 2014 Marion Musenbichler
Fürstentum Liechtenstein
www.anamcara.li

ISBN: 978-3-7322-8102-2

Die Deutsche Nationalbibliothek verzeichnet diese Publikation
in der Deutschen Nationalbibliografie; detaillierte bibliografische Daten
sind im Internet über www.dnb.de abrufbar.

Umschlaggestaltung, Innenlayout und Satz: Marion Musenbichler
Umschlagmotiv: © fotolia.com/bruniewska
Abbildungen: © fotolia.com/bruniewska, milkal, Artenauta

Herstellung und Verlag: BoD – Books on Demand, Norderstedt
Made in Germany

Kapitel XII

MARIO MANTESE

Im Land der
Stille

Mario Mantese

Im Land der Stille

Majestätische Berge, schneebedeckte Gipfel, manch einer über sechstausend Meter hoch, einen Pass gilt es zu überwinden, in dem Hochland dahinter sollte er zu finden sein: der Meister. Der Erzähler macht sich im Himalaja auf die Suche nach einem jener legendären Weisen, die als Eremiten karg in einer Höhle hausen und in ihrem Geist Zeiten und Welten umfassen. Nach langer, beschwerlicher Wanderung kommt es zur schicksalshaften Begegnung. Geführt vom Meister auf sichtbare wie unsichtbare Weise betritt der Suchende das Land der Stille. Ihm eröffnen sich dramatische

Einsichten: »Auf einen Schlag, in einem einzigen Augenblick, war meine ganze Welt zu einem Häufchen Asche reduziert. Eine unbekannte Macht drängte mich, noch tiefer vorzudringen. Ich musste auch noch dieses übriggebliebene Häufchen Asche infrage stellen.«

In einem Prozess der inneren Wandlung durchläuft der Autor eine tiefgreifende Transformation. Die unkonventionellen Methoden des Meisters werfen ihn auf sich selber zurück und entziehen ihm sämtliche Gewissheiten. In einer Sphäre zwischen Tag und Traum offenbart sich ihm die Wahrheit, reines Licht und Wahrnehmen zu sein, ohne das Geschaute haben, ohne es halten oder interpretieren zu wollen. Der Leser wird mitgenommen auf eine außergewöhnliche, spannende Reise durch die Weiten der Bergwelt und erlebt Begegnungen mit verschiedenen hohen Meistern.

Mario Mantese ist Autor von über einem Dutzend Werken der spirituellen Literatur, darunter Klassiker wie *Im Herzen der Welt* und *Licht einer großen Seele*. Zu den Zusammenkünften des einstigen Soul-Musikers, der heute aus der Stille lehrt, strömen Tausende aus aller Welt.

Edition Spuren
ISBN 978-3-905752-34-2